AF230326

CHANSONS

NOUVELLES,

Suisses, Françoises & Paysannes.

SUR LES CONQUESTES

&

LA CONVALESCENCE

DU ROY

ET SON RETOUR A PARIS.

Chez GONICHON, Imprimeur,
Rue de la Huchette, au Sacrifice
d'Abraham.

M. D. CC. XLIV.

CHANSONS NOUVELLES

*Suißes , Françoises & Payſannes , ſur
les Conquêtes & la Convaleſcence
de S A M A J E S T E'.*

CHANSON

Sur le priſe te Menin , qui l'être compoſe
par in ponne Camrate Souiſſe qui lui
ſerfir pour France.

Sur l'air de Catinat.

FAut chantre Camrate l'honnir t'in crante Roy ,
Qui l'être fort pien prafe pour lui par mon foi ;
Les pompes & les canons ne l'époufentir pas ,
Lui être à l'enfiron & ne s'en pranlir pas.

Par fa l'ortre à Menin l'être fait fommement,
Tout auffi-tôt Menin faire un refifement,
Li fachir pour certain & li afoir raifon,
Te frapre à fon porte afec fa canon.

Sti Monfir Goufernir qui l'être pien mitin,
Pour lui s'en repentir in te ces ti matin ;
S'ys rentre te pon kir & pas faire pattre foi,
li être in ponne Monfir je fous jire mon foi.

Quant la Roy afoir vû lui faire le michant,
Auffi-tôt l'afoir fait faire in canonnement,
Afec de bonne poulets, les pompes & les mortiers,
Déchirir fon miraille comme di papier.

Sti Monfir te Clermon l'être in tes grante guerriers
Pour conduifir par tout nos brafes grenadiers;
Tans l'ouvrache cornu la fait fa logement,
Quand il' être pas jour, par in échellement.

Tans ftemp le Goufernir mettre l'eau tans fa vin,
Quand afoir fû priler maifon à Capitin;
Auffitôt temantir à faire in parlement,
Et montre le Trapeau pour la capitilment.

Le Roy pien génireux li afoir bien fouloir,
Que Monfir te Noailles être aller pour lui voir,
Pour enfemple tous teux faire in écrifiment,
La rapporter au Roy pour faire fa fignement.

Le garnifon traiter par honnir grantement,
Pour lui entrer tehors avec fa Commantant;
Tous les Soltats leur prentre tout ce qui l'être à foi,
Et tous être paffer au partefant du Roy.

La Pourgeois te Menin qui l'être pien content,
Pour voir Son Majefté faire eux grand prefsement,
Et pis la Magiftrac qui venir pour leux tous,
Li tire fla le clé le ferrire être à vous.

L'autir te le chanfon, lui l'être une ponne crifois
Qui n'aimir pas le pirre autant que la pifois,
Lui faire ce rimement pour mieux difertir foi,
Faifant grant trinquement à le fanté ti Roy.

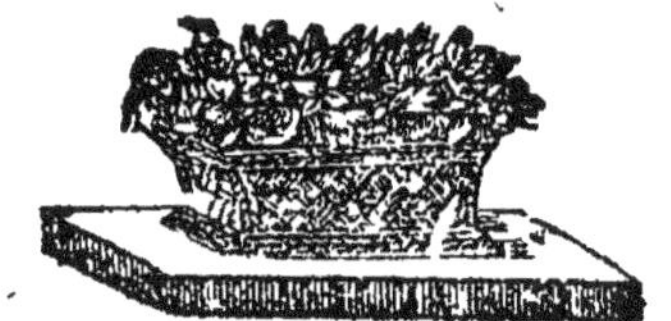

CHANSON

En forme de Dialogue entre la Ville
de Paris & les Villes de Flandres.

Sur l'Air, *Nous sommes dans Helbron Monsieur le
Prince Eugene :* ou *, Reveillez-vous Naffau , &c.*

Paris.

QUEL merite avez - vous
Bicoques de la Flandres ,
Qu'un Prince né pour nous ,
Nous quitte pour vous prendre ?
Peut il s'attendre
D'avoir dans votre Pays
Des cœurs plus foumis , plus tendres
Que ceux qu'il a dans Paris.

Menin,

Phœnix de l'Univers ,
L'ornement de la France ,
Par un heureux revers
Je fuis en fa puiffance ;

Et fa préfence,
Qui me ravit aujourd'huy ?
Devient une récompenfe
Pour mon cœur qui eft à lui.

Ypres.

Grand'Ville de Paris,
Quel ton, quelle manie,
D'où vient donc ce mépris ?
Tout beau, tout beau, ma mie ;
La jaloufie
S'empare de votre cœur ;
Quittez cette fantaifie,
Laiffez-nous notre Vainqueur.

Vous l'avez vû Enfant ;
Nous avons l'avantage
De le voir triomphant,
Chéri, puiffant & Sage;
Dans ce paffage,
Conduifant tous fes Guerriers,
Leur montrer par courage
A moiffonner des Lauriers.

Mars lui prête fon Bras,
Minerve fon Egide,
Où il porte fes pas,
La Victoire le guide :

Nouvel Alcide
Plus il aura d'Ennemis,
Et plus son cœur intrépide
Les rendra doux & soumis.

Hé! ne l'avez-vous pas
dans un autre lui-même ;
Un Prince plein d'appas,
Né pour le Diadême ;
    Prince qui aime
Le Militaire fracas,
Et plein d'un ardeur extrême,
Qui le suivra pas à pas.

    N'avez-vous pas de plus
Une Reine très-bonne,
Riche par ses Vertus
Pius que par sa Couronne,
    Et qui lui donne.
Ainsi qu'aux Dames ses sœurs,
Par sa Piété sans borne,
De grand'leçons sur les mœurs.

                    Paris.

    Il est vray j'ai ce Bien ;
Mais pour l'heure présente,
Je crois que je n'ai rien,
Lorsque mon Roy s'absente :

Sous une Tente,
Où Barraqué sous des ais,
Je ne serai point contente,
Qu'il ne soit dans son Palais.

Fin.

(❦❦❦❦❦❦❦❦❦❦ ❦❦❦❦❦❦❦❦❦❦ ❦❦❦❦❦❦❦❦❦❦❦)

CHANSON

Sur les Conquêtes de S A M A J E S T É
L O U I S XV.

Sur l'Air, *Dans le bel âge, tout est fait
pour aimer.*

NOTRE Monarque,
A l'abri des lauriers,
Bravant la Parque,
Conduit tous ses Guerriers;
On voit de toutes parts
Floter ses Etendarts,
Et l'Ennemi remarque,
Défendant ses remparts,
* Notre Monarque.

Villes de Flandres,
A notre Souverain
    Venez vous rendre,
Suivez Ypres & Menin ;
Rangez-vous sous les loix
Du plus puissant des Rois.
Quel plus doux parti prendre
Vous y fût'autrefois,
    Villes de Flandres.

    Goûtez les charmes
De vivre sous sa Loi,
    Rendez les armes,
Jurez lui votre foi,
Osez, que tardez-vous ?
Venez à ses genoux,
Sans crainte & sans allarmes
De son regne si doux
    Goûter les charmes.

    Par sa présence
Un Soldat en vaut vingt,
    Votre impuissance
Veut resister en vain.
Pour prix de vos refus,
Vous aurez tout au plus

Un rayon d'efpérance ;
Il vous donnera plus
    Par fa préfence.

  Par fon courage ,
L'Officier , le Soldat,
    Va faifant rage
Quand il eft au Combat ,
Sans l'abri des gabions ,
Redoutes & baftions
Sont pris ; c'eft-la l'ouvrage
Que font fes Légions
    Par fon courage.

  Notre efperance ,
Après tant de combats ;
    Eft que la France
Et les autres Etats ,
Par une heureufe Paix
Cimentée pour jamais ,
Vivent d'intelligence :
Rempliffez nos fouhaits ,
    Divine Effence.

CHANSON,

Qui l'être tout noufellement noufeau,

Sur le marche te le Maiçon ti Roy, qui quittir le Flantres : Compofe par une Camrate, qui l'être le même que l'autre.

Sur l'air : *Du Branle de Metz*, ou Mes Chevaux à la Riviere, je leur dis bûvez Meffieurs, &c.

APOLLON, oufre mon feine,
A faire in chanfonnement,
Pour in Monarque charmant ;
Fais que moi, rimir fans peine,
Moi, lui chantre pour Menin ;
Ch'afre le foix t'un Syrenne,
Puifqu'afoir chantre à Menin,
Que moi chantre en fa chemin.

Tans le Pays te le Flantre
Il être pien tes Flamands;
Leux tous très pien fort contens
Quand il fenir pour leux prentre,
Et s'il en fouloir autant,
Autant ils fenir s'y rentre;
Mais s'il en fouloir autant,
L'être faute te Flamant.

Louis laisser tout son conquête
Pour menir son Machesté
Où lui n'afoir point été,
Parce que lui n'y point être;
Il quittir Ypre & Menin,
Il fa foi faire connoître,
Il quittir Ypres & Menin
Pour foi voir al pord ti Rhin.

L'afoir ficité Tunkerque
L'afre fu fa Port ti Mer;
Puis parte pour Saint Omer
Et fenir passer à Perque;
Et tans Pethune le nuit
Soi repocer ti fatique;
Mais tans Pethune le nuit
Il être un Soleil qui luit.

Nous autres fortir te Flantre
Afec le Maiçon ti Roi,
Et fenir tout quant & moi
Pour aller à Mets s'y rentre ;
Car Son Machefté le Roi
Ne point lui fe faire attentre ,
Car Son Machefté le Roi
Mener fon fuite afec foi.

Nous l'être en Infanterie
Tix & feize Pataillons ,
Et fingt & treize Efcatrons
Tous te pon Cafalerie,
Tes Tracons & tes Houffars ,
Un troupe t'Artillerie ,
Tes Tracons & tes Houffars
Qui faloir tous tes Ceçars,

Son Machefté lui pien penfe
Te faire nous s'en aller ,
Nous tifenir tout l'enfler
Te pire tout plein nos panfes ,
Ch'aimir mieux le pord ti Rhin
Où il être en fon préfence ,
Faloir mieux li pord ti Rhin
Où l'être pu ti pon fin.

Atieu les filles te Flantre
Qui l'être te pons Tontons,
Fous fifre t'in choli ton
Afec la foltat te France;
Fous reftir en ta canton
Afec un pon l'ifperance
Ti revoir en ta canton
Le Maiçon ti grand BOURBON.

CHANSON NOUVELLE,

SUR L'AIR, *Rien n'eft fi beau.*

PEuples François féchez vos larmes,
Que les ris fuccedent aux allarmes,
Faites retentir l'Univers
    De vos concerts;
Chaffez loin de vous la trifteffe,
Par mille chanfons d'allegreffe,
Puifque Louis prefque perdu,
    Nous eft rendu.

La vieille & trop cruelle Parque,
Pouffoit à grands pas dans la Barque,
Du bouru Nautonnier Caron,
    Notre Bourbon;

A nos vœux le deſtin propice,
Blamant ſon injuſte caprice,
Remet à Cloton de nouveau,
Lin & fuſeau.

Approchez filles de Memoires,
Chantez de Louis les victoires,
Celebrez notre Conquerant,
Si bon ſi grand;
Venez auſſi Mars & Bellonne,
Placer à ſa riche Couronne,
Les lauriers le prix du Vainqueur,
A ce grand cœur.

Je vois de ſa Gloire éclatante,
La lumiere reſplandiſſante,
Réflechir ſur ſon Lieutenant,
Incontinant;
Chaque Officier reçoit de même,
De ce feu lumineux qu'il aime,
Et chaque Soldat un rayon,
L'excellent don.

Pendánt que Louis dans la Flandre,
A pris ce qu'il a voulu prendre,
Et que tout cede à ſes efforts,
Villes & Forts;

Qu'il

Qu'il cueille d'une ardeur extrême,
Des Lauriers pour son Diadême,
Conti les cueille à pleine main,
Au Mont Dauphin.

Le Triton jaloux de sa gloire,
Avec son humeur sombre & noire,
Vient croyant troubler son repos,
Mal à propos,
Du Soleil l'ardente lumiere,
Lui-desseche trop la paupiere,
Et le contraint à se cacher,
Sous un Rocher.

Sur les bords de l'humide pleine,
Des Nereïdes une douzaine,
Contemplant les faits de mon Roy,
Sont dans l'effroy ;
Elles disent en conference,
Que de valeur que de prudence,
Déja nous le voyons au rang,
De Louis le Grand.

O douce paix chere concorde,
Chassez loin d'ici la discorde,
Qu'elle gemisse sous les fers,
Dans les Enfers,

Mon Roy te cherit si tu l'aime,
Viens combler son désir extrême,
Unis donc à tous ses lauriers,
Les oliviers.

F I N.

A U T R E.

Sur l'Air : *Je Ris : je chante*, &c.

LE Roy est ressuscité,
Le Ciel lui rend la santé,
Disparois sombre tristesse,
Chantons tous pleins d'allegresse.
Vive Louis ce Grand Roy,
Qu'on est heureux sous sa loy,
Si pour ses premiers exploits,
Il met la Flandre aux abois,
Que penser de son courage?
Notre ennemi en enrage,
Vive Louis, &c.

Conti sous ses étendars,
Suit les traces des Césars;

Mars à fes confeils préfide,
Et la Victoire le guide,
Vive, &c.

Gaillards enfans de Bachus,
Mettons nos tonneaux fur culs,
Ils nous ferviront de chaife,
Pour boire plus à notre aife,
Vive, &c.

Si d'argent nous n'avons point,
Nous vendrons notre pourpoint,
Pour faire une bonne emplette,
De vin, Jambon, Andouillette,
Vive, &c.

Ca Bergers de ces cantons,
Laiffez-là tous vos Moutons,
Et vous Bergeres rebelles,
Ne leur foyez plus cruelles,
Vive, &c.

Accourez filles & garçons,
Folatrons, danfons, fautons,
Palantin prends Colinette,
Et toi Jacquin prends Nanette,
Vive Louis ce Grand Roy,
Qu'on eft heureux fous fa loy.

CHANSON.

De Maitre Gaspart, Savetier.

Sur l'Air : Etant à Avignon, &c.

Habitans de Paris,
Tous nos maux sont guéris;
Chantons faisons bombance,
Louis nous est rendu,
Que nous comptions perdu,
Quel bonheur pour la France!
   Balthasar, Piefrelin,
La Gargouille & Boudin,
Remplissons notre panse,
Quittons ces vieux souliers,
Arrosons nos gosiers,
Sautons à toute outrance.
   Joignons dans ces quartiers,
Porte faix Charbonniers,
Compagnons de vüidanges,
Nous ferons à la fois,
De tant de belles voix;
Un Concert de louanges.

AUTRE CHANSON.

Sur la prise de la Kenoque.

Sur l'Air : Y allons donc &c.

QUoi ! Therese tu te moque
De rester en ton logis,
Bouflers a pris la Kenoque,
Tout est en l'air à Paris,
Quoy, &c.

Nos Drapeaux ont bonne chanse
C'est Clermont qui les conduit,
Furnes soumis à la France,
De sa bravoure est le fruit,
Nos Drapeaux, &c.

Est-ce une clarté divine,
Dont mon œil est éblouy ?
Chaque jour on allumine,
A toute heure il est midy,
Est-ce, &c.

Il ne faut plus de lanternes,
Pour nous éclairer la nuit,
Quand nous sottons des tavernes,
Grace aux exploits de Louis,
Il ne faut plus, &c.

CHANSON

Sur les Conquêtes de LOUIS XV.

Sur l'Air : Ton himeur eſt, &c.

ON étoit dans la triſteſſe ,
Perſonne ne diſoit mot ,
L'ennemi dans l'allegreſſe ,
Rioit , il n'étoit pas ſot ,
Depuis deux ans la fortune ,
Sembloit nous abandonner ,
Mais elle a paſſé ſa Lune ,
Elle va nous couronner.

Pour faire tourner la chance ,
Louis quitte ſon Palais ,
A chaque pas qu'il avance ,
L'eſpoir en ſon cœur renaît , ·
Le Soldat reprend courage ,
Voyant ſon maitre approcher ;
L'ennemi trouſſe bagage ,
Avant qu'on l'aille chercher ,

Courtray n'ofe en fa préfence
Se foutenir un inftant,
Si Menin fait réfiftance,
C'eft par honneur feulement,
Ypres fait la même chofe,
Et n'attend que le moment,
De pouvoir fans qu'on en glofe,
Se rendre à fon Conquerant.

Par zele on voudroit peut-être,
Que devant notre grand Roy,
L'ennemi n'ofât paroître,
Que foumis & plein d'effroy,
Mais où feroit la victoire,
Si tout fe rendoit d'abord?
Pour triompher avec gloire,
Il faut vaincre avec effort.

Prions Dieu que la campagne,
Se pourfuive fur ce ton,
Que par tout il accompagne,
Les Armes du Grand Bourbon,
Par l'aide de fon tonnerre,
Qu'il feconde fes projets,
Il fçait qu'il ne fait la guerre
Que pour procurer la paix.

CHANSON

Sur les Conquêtes de Sa Majesté.

Sur l'Air : Vous m'entendez bien.

l'Auteur.

MUse au joli petit museau,
Inspire moi un ton nouveau,
Car il faut que je chante,
Hê bien,
Un Heros qui m'enchante,
Dis m'entens tu bien.

La Muse.

Va trouver Monsieur Apollon,
Il demeure au sacré vallon,
Qu'il te fasse la grace,
Hé bien,
De te prêter Pegaze,
Je t'entends fort bien.
Tu feras un fort long chemin,
Si tu veux aller à Menin,

Pour voir tous Gendarmes
Hé bien,
Qui font de grand vacarmes.
Vous m'entendez bien.

Tu verras ces braves Guerriers,
Très grands moissonneurs de lauriers
Que rien ne les arrête,
Hé bien,
Quand ils ont à leur tête,
Cela s'entend bien.

Je veux dire un genereux Roy,
Qui va porter par tout sa Loy,
De rien il ne s'étonne,
Hé bien,
La gloire le couronne,
On le sçait fort bien.

Me voilà proche de Menin,
Hola, que j'ai fait de chemin,
Si je n'ai la berlue,
Hé bien,
La terre on y remue,
Ha, je le vois bien.

Je vois tous ces grands travailleurs
Qui dans peu seront batailleurs,
Que de peles & de pioches,

Hé bien,
Mais garre les taloches,
Vous m'entendez bien.
On y fait ronfler le canon
Qui fait un rude carillon ;
La tranchée sans grand perte,
Hé bien,
Tout d'abord fut ouverte,
Cela fait fort bien.
Que de beaux faits d'armes je voi
Se passer devant notre Roy,
Comme il les encourage,
Hé bien,
En faut-il davantage,
Vous m'entendez bien.
Mais j'aperçois un beau Drapeau,
Je ne puis tenir dans ma peau,
Pour la Capitulade,
Hé bien,
Trêve de canonade,
Cela s'entend bien.
Voici sortir le Gouverneur,
Il est encore plein de frayeur,
Il nous cede la place,
Hé bien,
En faisant la grimace,
Cela se voit bien,

Je vois auſſi nos Grenadiers,
Le front tout couvert de lauriers,
Le Roy eſt à leur tête,
Hé bien,
Il veut voir ſa conquête,
Cela fait fort bien,
Il faut que je laiſſe Menin,
Pour voir Ypres, c'eſt mon deſſein,
Mon chemin eſt ſans doute,
Hé bien,
Près de cette redoute,
Je le cónnois bien.
Tous les Soldats ſont défilez,
Et devant Ypres ils ſont allez,
Avec l'Artillerie,
Hé bien,
Dreſſer la Batterie,
Vous m'entendez bien,
Quoi déja l'on monte à l'aſſaut,
Que dans cet endroit il fait chaud,
Voyez notre Monárque,
Hé bien,
Comme il brave la Parque,
Chacun le voit bien.
Il eſt déja entré dedans,
Malgré l'effort des deffendañs,
Chacun lui rend hommage,

Hé bien ;
Chacun loue son courage,
Chacun fait fort bien,
On crie par tout vive le Roy,
Chacun veut lui jurer sa foy,
Paur augmenter la fête,
Hé bien,
L'échot voisin se prête,
Cela s'entend bien,
Par tout on s'empresse à le voir,
Et chacun s'en fait un devoir,
Les femmes & les filles,
Hé bien,
Les laides & les gentilles,
Vous m'entendez bien.
Ensuite on lui fait le présent,
Des clefs dedans un plat d'argent,
Messieurs les Bourg-Mestres,
Hé bien,
Avec les Vaque-Mestres ;
s'y présentent bien.
Je sors promptement de ce lieu,
Et je lui dis un grand adieu,
Je cours à la Kenoque,
Hé bien,
Quoiqu'une vraye Bicoque,
Vous m'entendez bien.
Bicoque ou non elle est à nous,

Elle a fuccombé fous nos coups,
La Place eft d'importance,
Hé bien,
Néceffaire à la France,
Nous la tenons bien.
Mon Pegaze eft tout effouflé,
Et d'un pied il eft déferré,
Il eft tout hors d'aleine,
Hé bien,
Il lui faut de l'avoine,
Vous m'entendez bien.
Mais c'eft un peu trop rimailler,
Mon chanteur je vous fais baailler,
De nouvelles merveilles,
Hé bien,
Auront chanfons pareilles,
Vous le voudrez bien.
Voilà bien du rimaillement,
Pour faire mal un compliment,
Si la rime eft peu riche,
Hé bien,
Je n'en fuis pas brin chiche,
Vous l'entendez bien.
Quand d'hîpocrêre il aura bû,
Après avoir été repû,
Vîte pour l'Allemagne,
Hé bien,

Je le mets en campagne,
Voilà son chemin,

FIN.

CHANSON

D'un joyeux Grivois, à l'endroit
de la prise de Menin, par notre
Bon General le Roy LOUIS XV.

Sur l'Air : *Verse, verse, du vin & souvent le Ciel aura soin &c.*

MENIN est donc venu se rendre,
Plus d'une autre à son tour viendra,
A voir comme Louis y va,
Il prendra tout ce qu'il veut prendre ;
Verse, Verse, y allons Grivois ;
Verse a moi,
Beuvons à notre Brave Roy.

En voyant comme il se hazarde,
Tout dedmême que je faisons,
Entre Grenadiers je disons,
Ma foi, c'est notre camarade;
Verse, verse, y allons Grivois,
    Verse à moi,
Beuvons à notre aimable Roy.

A la tranchée où qu'il se risque,
Tout au proche de l'ennemi;
Le Brutal ronfle au tour de l'y,
Ça li fait com de la Musique;
Verse, verse, &c.

Tout Bourgeois qui le voit paraître,
Dit, quant est-ce donc qu'il nous prendra,
Beau & vaillant comme le vla,
Je voudrions l'avoir pour Maitre;
Verse, verse, &c.

Liberal & tout Débonnaire,
Aux Hôpitaux li-même il va,
Je sons tous Joyeux; d'où vien-çà?
C'est que je servons notre Pere:
Verse, verse, &c.

N'i a pas jusqu'à t'un domestique,
Fort brave il a reçû coup,
D'une Bombe à l'endroit du cou,
dont il est mort comme sa s'pratique.
Verse, verse, &c.

Vive LOUIS ; tout chacun l'aime,
Toujours content je le suivrons,
D'où vient que j'nous épargnerions,
Il ne s'épargne pas li - même.
Verse, verse, y allons Grivois,
Verse à moi.
Beuvons à notre brave Roy.

CHANSONS
NOUVELLES,
Sur la joye des Habitans de Paris,
à l'arrivée du Roy.

Sur l'Air, *Préparons-nous pour la Fête*
nouvelle, &c.

Peuples François, mettez fin à vos larmes,
Louis, ce Heros plein de charmes,
Tout couvert de Lauriers reparoît à vos yeux,
Chantez, chantez un Roi si glorieux.
Empressons-nous à marquer notre zele,
La voix de Louis nous apelle;
Ouvrons à ce cher Roi notre Ville & nos cœurs,
Chantons, chantons le plus grand des Vainqueurs.

Le Ciel nous rend notre unique efperance ;
    Grand Dieu ! quel bonheur pour la France !
Elevons, jufqu'au Ciel nos foupirs & nos voix ,
    Chantons, chantons le plus charmant des Rois.
    Que tout Paris pour fon Roi s'intereffe ,
    Portons en tous lieux l'allegreffe,
Louis, le cher Louis, le Vainqueur de Fribourg ,
    Vient aujourd'hui nous montrer fon amour.
    A nos plaifirs mêlons un bruit de Guerre ;
    Canons , imitez le Tonnerre ,
Et qu'on voye au milieu de vos plus doux concerts
    Des traits de feu répandus dans les airs
    Que l'Ennemi fur fes tours chancelantes
    Voyant tant de Villes brillantes ,
Redoute le Heros pour qui le tendre amour
    Pendant la nuit fait paroître le jour.
    Aimable Roi , Roi charmant , Roi terrible ,
    O Roi courageux , invincible ,
O Roi cheri de tous , ô le plus grand des Rois ,
    Nous voulons vivre & mourir fous vos Loix.
        F I N.

CHANSON NOUVELLE.

D'un Soldat François, à la Louange du Roi.
Sur l'AIR, *Ami, quand j'ai bien bû,* &c.

JE suis un Soldat plein de zele,
Qui ne veut plaire qu'à mon Roi,
Et pour lui témoigner ma foi
Mon sang n'est qu'une bagatelle;
 Ami, quand je le vois,
 Je crois
 Que toute la terre,
Que toute la terre est à moi,
Que toute la terre est à moi.
 Rien ici bas ne m'interesse;
Je foule aux pieds l'argent & l'or;
Dans mon cœur je mets mon tresor,
Mon Roi fait toute ma richesse;
 Ami, &c.
Je suis certain de la victoire
Lorsque j'accompagne mon Roi,
Servir sous lui c'est mon emploi,
Et mourir pour lui c'est ma gloire;
 Ami, &c.

En Flandre j'ai vû ce bon pere
Au milieu de nos Hôpitaux,
Lui-même soulager nos maux,
Et consoler notre misere,
    Ami, &c.

J'ai vû ce Roi de bonne mine
A pied parmi quelques Soldats,
Charger son invincible bras
D'une miserable fascine ;
    Ami, &c.

O vous, dont l'arrogance extrême
D'un Soldat fait si peu de cas,
Le Roi ne vous imite pas,
Puisqu'il devient Soldat lui-même ;
    Ami, &c.

Ce Roi, cher objet de tendresse,
A presque vû son dernier jour ;
Mais Dieu le rend à notre amour,
Et met fin à notre tristesse ;
    Ami, &c.

Si malgré le deuil de la France
Nos Ennemis ont pris l'effroi,

Tiendront-ils ferme contre un Roi
Dont l'amour a pris la défense ?
    Ami, &c.

Triste Metz essuyez vos larmes,
Notre Prince échape au tombeau ;
Fut-il jamais un jour plus beau ?
O jour pour nous rempli de charmes !
    Amis, &c.

Fribourg, vous allez voir paroître
Bien-tôt notre invincible Roi ;
Vous allez passer sous sa Loi,
Reconnoissez votre vrai Maitre ;
    Ami, quand je le vois,
    Je crois
    Que toute la terre,
Que toute la terre est à moi,
Que toute la terre est à moi.

       F I N.

CHANSON NOUVELLE,

Sur les Conquêtes de l'Infant Dom Philippe
& du Prince de Conti , en Piedmont.

Sur l'AIR , *Cenſeur n'en dites point de mal , tout
eſt permis en Carnaval.*

TAndis qu'en Flandre ou ſur le Rhin
  Louis fait briller ſon courage ,
Ceux que Dieu conduit par la main
Du Piedmont s'ouvrent le paſſage ;
Le Ciel eſt pour le bon parti ,
Vivent Dom Philippe & Conti.
 Malgré le nombre des ſoldats
Et les remparts qu'il faut abattre ,
Nos Heros ne trembleront pas
Pour eux Dieu même veut combattre ;
Le Ciel , &c.
 Fiers habitans qui tout en feu
Gémiſſez auprès de la foudre ,
Ce n'eſt point Conti , mais c'eſt Dieu

Qui réduit vos maisons en poudre;
Le Ciel, &c.

Qu'un Roi lui-même plein de feu
Contre nos deux Guerriers s'avance,
Pourra-t-il résister à Dieu
Qui veut bien prendre leur défense?
Le Ciel, &c.

Malgré ses nombreux Escadrons,
Puisque le Ciel nous favorise,
Vertement nous le pousserons
Par-de-là ses Chevaux de Frise;
Le Ciel, &c.

Vaillans Heros, charmans Vainqueurs,
On ne voit point la vaine gloire
S'emparer de leurs jeunes cœurs;
Qu'ils usent bien de la Victoire!
Le Ciel, &c.

Ils se font une douce loi
De se former le caractere
L'aimable Conti sur son Roi,
Dom Philipe sur son Beau-Pere.
Le Ciel est pour le bon parti,
Vivent Dom Philippe & Conti.

F I N.

CHANSON NOUVELLE

Sur les Conquêtes & la Convalescence du Roi.

Sur l'AIR, *Voilà, mon Cousin ; l'allure.*

LE Bien-aimé Louis, mes amis,
Très digne Roi de France „
Nous rend bien réjouis, mes amis,
Par sa Convalescence, mes amis ;
Chantons, mes amis, victoire, mes amis,
Chantons, mes amis, victoire

Sur les bord de la Lys, mes amis,
Quand ce grand Roi s'avance,
On voit les Ennemis, mes amis,
Trembler en sa présence, mes amis,
Chantons, &c.

Menin fut de Louis, mes amis,
La premiere Conquête,
Puis Ypres fut soumis, mes
Furnes vint à la fête, mes amis,
Chantons, &c.

Si nos fiers Ennemis , mes amis,
Au Rhin s'ouvrent passage ,
L'approche de Louis , mes amis ,
Leur fait plier bagage , mes amis,
Chantons , &c.

Sur les pas de Louis , mes amis ,
Courons à la victoire ,
Marchons aux Ennemis , mes amis ,
Et couvrons-nous de gloire , mes amis,
Chantons, mes amis, Victoire, mes amis ,
Chantons , mes amis , victoire.

F I N.

CHANSON NOUVELLE,

Compoſée par un Savoyard, en l'honneu
& gloire de tous les Savoyards qui ſon
à Paris

Sur l'AIR , *La cheminée du haut en bas.*

LE Savoyard, pauvre Diable,
De Paris devient la fable,
A ſon nez l'on chantera,
Ramonez cy , Ramonez là
           La la la ,
La Savoye du haut en bas.

   En dénichant ſes marmottes ,
On vient lui pouſſer de bottes ,
Des Rieurs il ſe rira ,
Ramonez ci , &c.

   Pourvû qu'il gagne ſa vie ,
Il entendra raillerie ,
Et de bon cœur chantera ,
Ramonez ci , &c.

Il prend moins garde aux paroles,
Qu'à vous tirer vos Piſtoles,
Chantez , il empochera ,
Ramonez ci , &c.

Savoyards , mès Camarades ,
Faiſons la nargue aux bravades ,
Rien ne nous démontera ;
Ramonez-ci , &c.

Au ſon de notre vielle,
Bien loin de chercher querelle ,
Chacun de nous chantera ,
Ramonez ci , &c.

Du haut de la cheminée ,
Après l'avoir ramonée ,
Le Savoyard chantera,
Ramonez ci , &c.

Dans ſa Lanterne magique
Le Diable de la critique
Les cornes vous montrera ;
Ramonez ci , &c

Le lieu de notre naiſſance
Nous eſt moins cher que la France ;

Qu'on chante tant qu'on voudra,
Ramonez ci , &c.

Piedmont , Savoye & Sardaignes,
Je renonce à vos chataignes ;
Le pain vaut mieux que cela ;
Ramonez ci , &c.

Dans la florissante France
L'on boit & l'on fait bombance,
Le bon Pays que voilà !
Ramonez ci , &c.

En Piedmont on nous écorche ;
Mais le plaisir de la torche
Ici nous consolera ,
Ramonez ci , &c.

Où je trouve mon refuge ,
Où je bois & où je gruge ,
C'est mon vrai Pays que là ;
Ramonez ci , &c.

Si je manque d'assistance
Dans le lieu de ma naissance ,
La France me recevra ,
Ramonez ci, &c.

Chantons la Convalefcence
Du Bien-aimé Roi de France,
Le Grand Conti chantera,
Ramonez ci, &c.

Que toute la terre honore
Un Roi que la France adore.
Heureux qui le fervira.
Ramonez ci, &c.

Depuis fa Convalefcence
Plus d'un Savoyard en France
En fon honneur s'enyvra;
Ramonez ci, &c.

En Piedmont fi l'on feraille,
Ici nous faifons ripaille,
Et nous mocquons de cela:
Ramonez ci, ramonez là
La la la,
La Savoye du haut en bas.

F I N.

CHANSON
NOUVELLE,

De Gogo Bonbec., Vendeuſe de Marons boulus , à la porte du College des Jeſuites, en l'honneur de la Gloire de Monſeigneur le Prince de CONTI

Sur l'Air, *Vraiment ma Commere oüi.*

Connois-tu le Grand Conti ?
Vrament,ma Commere,oüi
Petit-Fils de ſon Grand-pere,
Vrament, ma Commere ,vere,
Vrament , ma Commere , oüi.

Je l'ai connu tout petit ,
Quand au College il apprit
Le Latin de ſa Grand-mere,
Vrament, &c.

Il avoit l'œil si hardi,
Que d'abord je devini
Qu'il vourroit être de Guerre;
Vrament, &c.

De bonne heure il print parti,
J'en eus le cœur tout transi,
Sa Mere n'en pleurit guere,
Vrament, &c.

Drès qu'un mousquet il se vit,
Faut voir comme il s'escrimit
Dans l'autre Guerre darniere,
Vrament, &c.

Pour aller à stelle-ci
Un jour il s'enfuit d'ici,
Et sans regarder darriere,
Vrament, &c.

Il fuyoit vars l'Ennemi,
Le Roi qui fit le marri,
Autant en eût voulu faire;
Vrament, &c.

Voyant comme il manœuvrit,
Le Roi General le fit,

Non pour fairè de l'iau claire,
Vrament, &c.

Il a fort bian réiuffi,
Quoiqu'il ait eu, Dieu marci,
La chofe impoffible à faire,
Vrament, &c.

Villes, Châtiaux il a pris
Dans un diable de Pays
Plus rude que le Calvaire,
Vrament, &c.

Tout en affiégeant Coni
A tous les Ramonez-ci
Il baille les étrivieres,
Vrament, &c.

Je pririons bian Dieu pour li,
Mais pour faire tout ceci
Faut qu'il ait un caractere,
Vrament, ma commere, vere,
Vrament, ma Commere, oüi.

Vû l'Approb. permis d'impr. MARVILLE.

De l'Imprimerie de GONICHON, rue de la
Huchette, au Sacrifice d'Abraham.